I fy ffrind Pauline Zéo
To my friend Pauline Zéo
À mon amie Pauline Zéo
Para mi amiga Pauline Zéo
Моїй подрузі Поліні Зео
– VL

Cyhoeddwyd gan Rily Publications Ltd 2024
Rily Publications Ltd, Blwch Post 257, Caerffili CF83 9FL
Hawlfraint © Rily Publications Ltd 2024

ISBN 978-1-80416-366-5

Hawlfraint y testun © Valériane Leblond, 2024
Hawlfraint y darluniau © Valériane Leblond, 2024
Dyluniwyd gan Tanwen Haf

Diolch i'n golygyddion / Thank you to our editors /
Nos remerciements à toutes les rédatrices /
Gracias a nuestras editoras / Спасибі нашим редакторкам –
Rhian Baum
(Ffrangeg / French / le français / francés / французька)
Eluned Owena Grandis
(Sbaeneg / Spanish / l'espagnole / español / іспанська)
Olga Petrovska
(Wcreineg / Ukrainian / l'ukrainien / ucraniano / українська)

Cyhoeddwyd gyda chymorth ariannol Cyngor Llyfrau Cymru.

Cedwir pob hawl. Ni chaniateir atgynhyrchu unrhyw ran o'r cyhoeddiad hwn na'i gadw mewn cyfundrefn adferadwy na'i drosglwyddo mewn unrhyw ddull, na thrwy unrhyw gyfrwng electronig, nac fel arall, heb ganiatâd ymlaen llaw gan y cyhoeddwyr.

Argraffwyd yn Tsieina.

rily.co.uk

PAWB A PHOPETH

Llyfr Geiriau Cyntaf

First Words Book

5

Iaith

Languages

Langues

Idiomas

Мов

Valériane Leblond

RILY

▸ Cyflwyniad • Introduction • Introduction • Introducción ⋆ Вступ

▸ Cymraeg
Geiriadur lluniau wedi'i ddarlunio'n gelfydd, gyda thros 500 o eiriau defnyddiol a drefnwyd yn ôl themâu, gan gynnwys bwyd a diod, lles, byd natur, yr ysgol, y teulu, y fferm, anifeiliaid, adeiladau, teithio a hamdden.

Gellir defnyddio'r llyfr hwn gyda phlant dan oed ysgol, yn ogystal â phlant sy'n dechrau dysgu darllen. Bydd hefyd yn gymorth i ddatblygu sgiliau llythrennedd dysgwyr ieithoedd.

Rhestri geiriau
Yng nghefn y llyfr hwn, ceir cod QR i restri geiriau cyflawn ar-lein o holl eiriau allweddol y llyfr yn y pum iaith. Fe'u gosodwyd yn nhrefn yr wyddor er mwyn i blant ymgyfarwyddo â defnyddio geiriadur o oedran ifanc.

• English
A beautifully illustrated picture dictionary, with over 500 useful words arranged in themes including food and drink, well-being, nature, school, family, farm, animals, buildings, travel and leisure.

This book can be used with preschool children and with beginner readers and language learners to develop literacy skills.

Word lists
At the back of this book is a QR Code to complete on-line word lists of all the key words for all five languages. These are arranged in alphabetical order to introduce the concept of using a dictionary to young children.

▪ le français

Un dictionnaire d'images magnifiquement illustré de plus de 500 mots utiles regroupés par thèmes, notamment, les aliments et les boissons; le bien-être; la nature; l'école; la famille; la ferme; les animaux; les bâtiments; les voyages et les loisirs.

Ce livre peut être utilisé aussi bien avec les enfants d'âge pré-scolaire qu'avec ceux qui sont en apprentissage de lecture; en plus, il peut servir de support linguistique pour ceux qui découvrent une nouvelle langue.

Les listes de mots

Des listes de mots complètes en-ligne de tous les mots-clés dans les cinq langues sont présentées par le code QR à la fin du livre. Celles-ci sont classées par ordre alphabétique pour permettre à l'enfant de s'habituer à l'utilisation du dictionnaire dès un très jeune âge.

♦ español

Un diccionario artísticamente ilustrado, con más de 500 palabras útiles organizadas por temas, tales como la comida y la bebida, el bienestar, la naturaleza, la escuela, la familia, la granja, los animales, los edificios, los viajes y el tiempo libre.

Se puede utilizar este libro con niños menores de edad escolar y también con niños que están comenzando a aprender a leer. Además, ayudará a desarrollar habilidades de alfabetización en los que aprendan idiomas.

Listas de palabras

Al fondo de este libro, hay un código QR para listas de palabras completas en línea de todas las palabras clave del libro en los cinco idiomas. Se han colocado en orden alfabético para que los niños puedan familiarizarse con el uso del diccionario desde una edad temprana.

★ Українська

Гарний ілюстрований словник, з більш ніж 500 корисними словами, упорядкованими за темами, такими як їжа та напої, благополуччя, природа, школа, родина, ферма, тварини, будівлі, подорожі та дозвілля.

Цією книжкою можна користуватися для розвитку грамотності у дошкільнят та читачів-початківців, котрі вивчають мову.

Списки слів

В кінці цієї книги є QR-код для переходу на онлайн-ресурс зі списками усіх ключових слів п'ятьма мовами. Вони упорядковані за абеткою з метою ознайомлення малят з принципом використання словника.

▶ Yr Wyddor • Alphabet • L'Alphabet • El Alfabeto • Абетка

▶ Cymraeg	• English
A a	A a
B b	B b
C c	C c
Ch ch	D d
D d	E e
Dd dd	F f
E e	G g
F f	H h
Ff ff	I i
G g	J j
Ng ng	K k
H h	L l
I i	M m
J j	N n
L l	O o
Ll ll	P p
M m	Q q
N n	R r
O o	S s
P p	T t
Ph ph	U u
R r	V v
Rh rh	W w
S s	X x
T t	Y y
Th th	Z z
U u	
W w	
Y y	

■ le français	♦ español	★ Українська
A a	A a	А а
B b	B b	Б б
C c	C c	В в
D d	(Ch ch)	Г г
E e	D d	Ґ ґ
F f	E e	Д д
G g	F f	Е е
H h	G g	Є є
I i	H h	Ж ж
J j	I i	З з
K k	J j	И и
L l	K k	І і
M m	L l	Ї ї
N n	(Ll ll)	Й й
O o	M m	К к
P p	N n	Л л
Q q	Ñ ñ	М м
R r	O o	Н н
S s	P p	О о
T t	Q q	П п
U u	R r	Р р
V v	(RR rr)	С с
W w	S s	Т т
X x	T t	У у
Y y	U u	Ф ф
Z z	V v	Х х
	W w	Ц ц
	X x	Ч ч
	Y y	Ш ш
	Z z	Щ щ
		Ь ь
		Ю ю
		Я я

Cynnwys • Contents • Contenu • Contenido • Зміст

8	Yr Wyneb	The Face
9	Y Corff	The Body
10	Dillad	Clothes
12	Y Tŷ	The House
14	Yr Ystafell Wely	The Bedroom
15	Yr Ystafell Ymolchi	The Bathroom
16	Y Lolfa	The Living Room
17	Anifeiliaid Anwes	Pets
18	Y Gegin	The Kitchen
20	Ar y bwrdd	On the table
22	Ffrwythau a Llysiau	Fruits and Vegetables
24	Bwyd	Food
26	Y Gweithdy	The Workshop
28	Yr Ardd	The Garden
30	Y Fferm	The farm
32	Yr Ysgol	School
34	Cerddoriaeth	Music
36	Un tro...	Once upon a time...
38	Chwaraeon	Sports
40	Swyddi	Jobs
42	Cerbydau	Vehicles
44	Adeiladau	Buildings
46	Adar	Birds
47	Blodau	Flowers
48	Creaduriaid Bychain	Small Creatures
50	Glan y môr	Seaside
52	Anifeiliaid	Animals
54	Tirwedd	Landscape
56	Y Tymhorau a'r Tywydd	Seasons and Weather
57	Y Gofod	Space
58	Lliwiau	Colours
59	Siapiau	Shapes
60	Rhestri geiriau	Word lists

■	♦	★	
Le Visage	La Cara	Обличчя	8
Le Corps	El Cuerpo	Тіло	9
Les Vêtements	La Ropa	Одяг	10
La Maison	La Casa	Будинок	12
La Chambre	El Dormitorio	Спальня	14
La Salle de bain	El Cuarto de Baño	Ванна Кімната	15
Le Salon	La Sala de Estar	Вітальня	16
Les Animaux de Compagnie	Las Mascotas	Домашні Тварини	17
La Cuisine	La Cocina	Кухня	18
Sur la table	Sobre la mesa	На столі	20
Les Fruits et Légumes	Las Frutas y Verduras	Фрукти та Овочі	22
La Nourriture	La Comida	Їжа	24
L'Atelier	El Taller	Майстерня	26
Le Jardin	El Jardín	Сад	28
La Ferme	La Granja	Ферма	30
L'École	La Escuela	Школа	32
La Musique	La Música	Музика	34
Il était une fois…	Había una vez…	Давним-давно …	36
Le Sport	Los Deportes	Спорт	38
Les Métiers	Los Empleos	Професії	40
Les Véhicules	Los Vehículos	Транспортні Засоби	42
Les Bâtiments	Los Edificios	Будівлі	44
Les Oiseaux	Los Pájaros	Птахи	46
Les Fleurs	Las Flores	Квіти	47
Les Petites Créatures	Las Pequeñas Criaturas	Маленькі Істоти	48
Le Bord de Mer	La Playa	Узбережжя	50
Les Animaux	Los Animales	Тварини	52
Le Paysage	El Paisaje	Пейзаж	54
Les Saisons et la Météo	Las Estaciones y la Clima	Пори року та Погода	56
L'Espace	El Espacio	Космос	57
Les Couleurs	Los Colores	Кольори	58
Les Formes	Las Formas	Фігури	59
Les listes de mots	Listas de palabras	Списки слів	60

▸ Yr Wyneb • The Face ▪ Le Visage ♦ La Cara ★ Обличчя

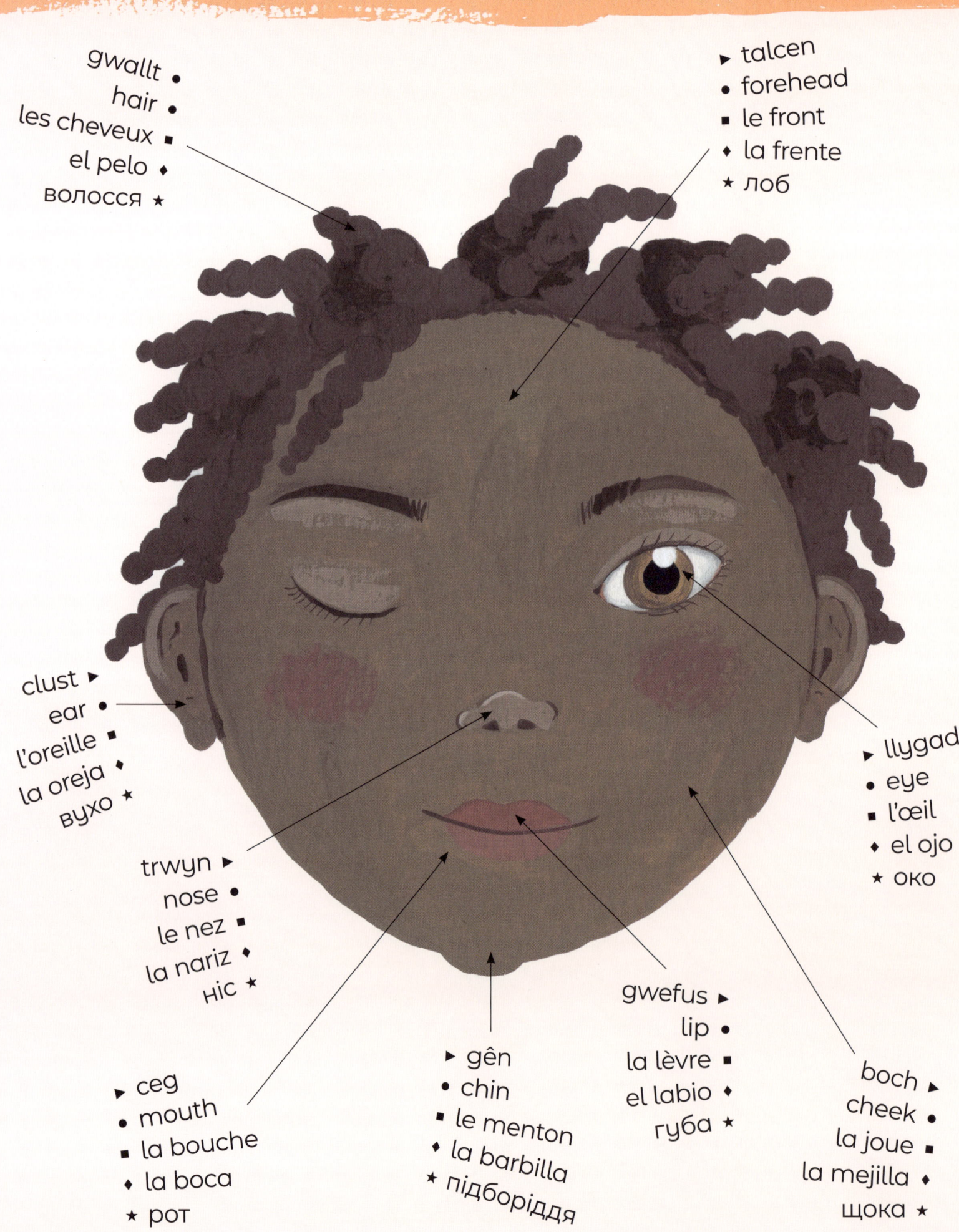

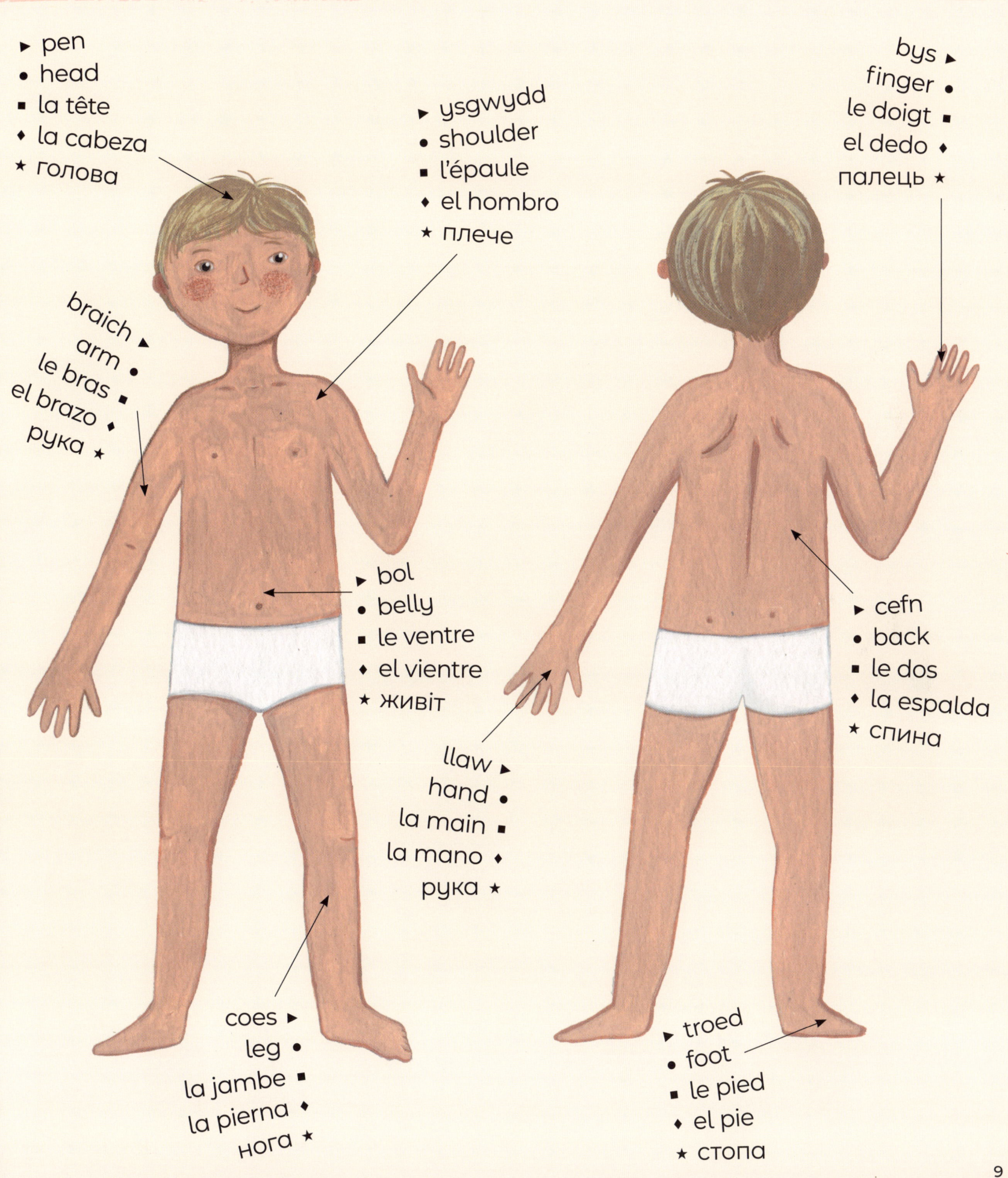

Dillad • Clothes • Les Vêtements • La Ropa • Одяг

- siwmper
- jumper
- le pull
- el jersey
- джемпер

- cot
- coat
- le manteau
- el abrigo
- куртка

- cardigan
- cardigan
- le gilet
- la rebeca
- кардиган

- hwdi
- hoodie
- le sweat à capuche
- la sudadera con capucha
- худі

- crys-T
- T-shirt
- le tee-shirt
- la camiseta
- футболка

- crys
- shirt
- la chemise
- la camisa
- сорочка

- sgert
- skirt
- la jupe
- la falda
- спідниця

- siorts
- shorts
- le short
- el pantalón corto
- шорти

- trowsus
- trousers
- le pantalon
- los pantalones
- штани

- esgidiau glaw
- wellies
- les bottes en caoutchouc
- las botas de goma
- гумові чоботи

- het wlân
- woolen hat
- le bonnet
- el gorro de lana
- вовняна шапка

- esgidiau
- shoes
- les chaussures
- los zapatos
- туфлі

- menig
- gloves
- les gants
- los guantes
- рукавички

- dillad isaf
- underwear
- les sous-vêtements
- la ropa interior
- нижня білизна

- sgarff
- scarf
- l'écharpe
- la bufanda
- шарф

- sbectol haul
- sunglasses
- les lunettes de soleil
- las gafas de sol
- сонцезахисні окуляри

- sanau
- socks
- les chaussettes
- las medias
- шкарпетки

- het haul
- sun hat
- le chapeau de soleil
- el sombrero para el sol
- сонцезахисний капелюх

- ffrog
- dress
- la robe
- el vestido
- плаття

- sandalau
- sandals
- les sandales
- las sandalias
- сандалі

- fest
- vest
- le débardeur
- la camiseta
- майка

▸ Yr Ystafell Wely • The Bedroom ▪ La Chambre ◆ El Dormitorio ★ Спальня

▸ gobennydd
• pillow
▪ l'oreiller
◆ la almohada
★ подушка

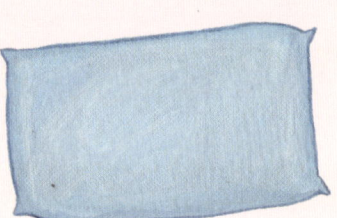

▸ gwely
• bed
▪ le lit
◆ la cama
★ ліжко

▸ llenni
• curtains
▪ les rideaux
◆ las cortinas
★ штори

▸ gŵn nos
• nightdress
▪ la chemise de nuit
◆ el camisón
★ нічна сорочка

▸ cloc larwm
• alarm clock
▪ le réveil
◆ el despertador
★ будильник

▸ lamp
• lamp
▪ la lumière
◆ la lámpara
★ лампа

bwrdd erchwyn gwely ▸
bedside table •
la table de chevet ▪
la mesita de noche ◆
тумбочка ★

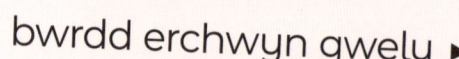

▸ pyjamas
• pyjamas
▪ le pyjama
◆ la pijama
★ піжама

▸ sliperi
• slippers
▪ les chaussons
◆ las zapatillas
★ тапочки

cwpwrdd dillad ▸
wardrobe •
l'armoire ▪
el armario ◆
шафа ★

Yr Ystafell Ymolchi • The Bathroom • La Salle de Bain • El Cuarto de Baño ★ Ванна Кімната

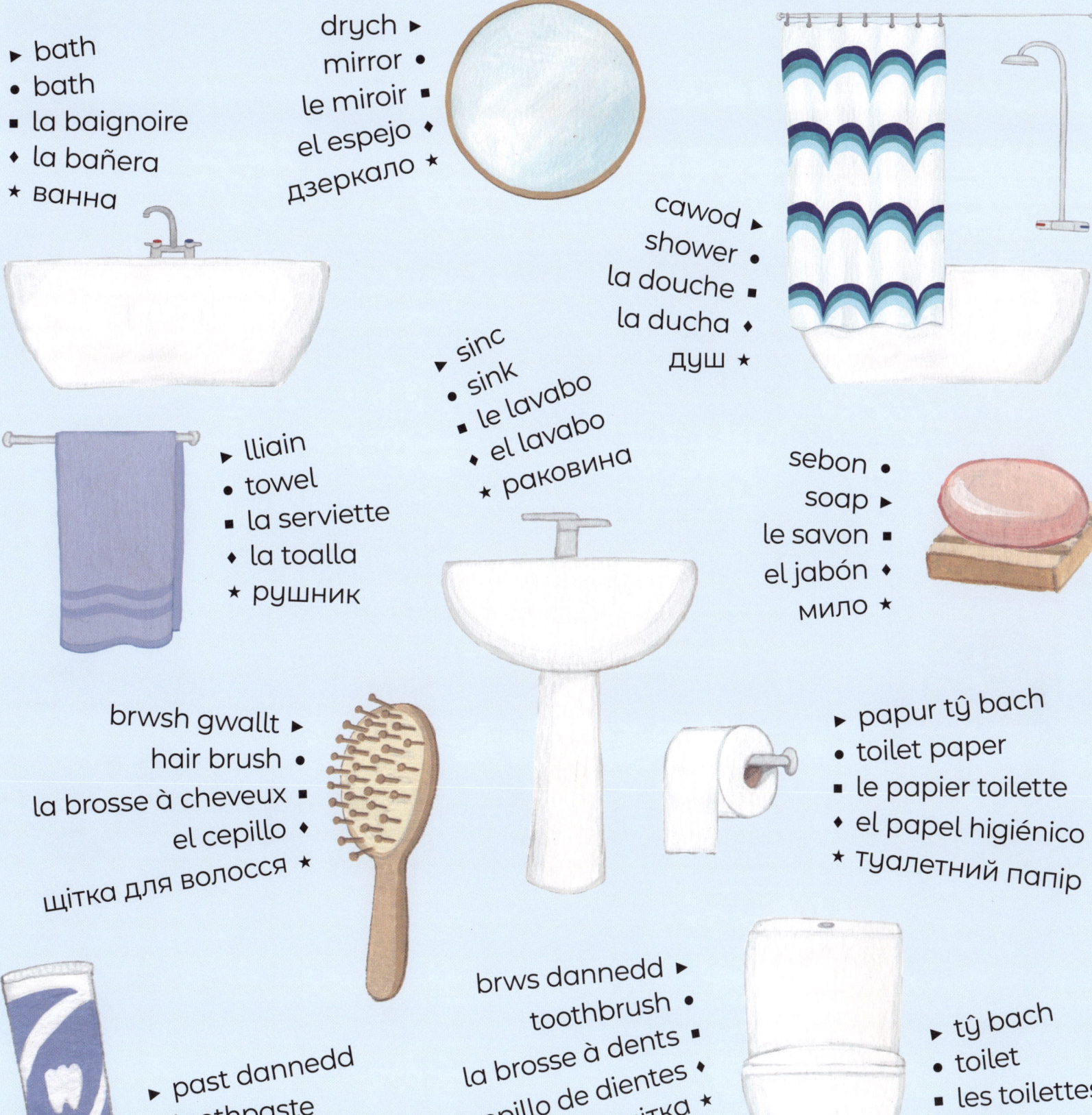

- bath
- bath
- la baignoire
- la bañera
★ ванна

- drych
- mirror
- le miroir
- el espejo
★ дзеркало

- cawod
- shower
- la douche
- la ducha
★ душ

- sinc
- sink
- le lavabo
- el lavabo
★ раковина

- lliain
- towel
- la serviette
- la toalla
★ рушник

- sebon
- soap
- le savon
- el jabón
★ мило

- brwsh gwallt
- hair brush
- la brosse à cheveux
- el cepillo
★ щітка для волосся

- papur tŷ bach
- toilet paper
- le papier toilette
- el papel higiénico
★ туалетний папір

- past dannedd
- toothpaste
- le dentifrice
- la pasta de dientes
★ зубна паста

- brws dannedd
- toothbrush
- la brosse à dents
- el cepillo de dientes
★ зубна щітка

- tŷ bach
- toilet
- les toilettes
- el inodoro
★ туалет

► Y Lolfa • The Living Room ▪ Le Salon ♦ La Sala de Estar ★ Вітальня

- ► llun
- • picture
- ▪ le tableau
- ♦ el cuadro
- ★ картина

- ► golau
- • light
- ▪ la lumière
- ♦ la luz
- ★ світло

- ► blwch teganau
- • toy box
- ▪ le coffre à jouets
- ♦ la caja de juguetes
- ★ коробка для іграшок

- ► teledu
- • television
- ▪ la télévision
- ♦ la televisión
- ★ телевізор

- ► teclyn teledu
- • remote control
- ▪ la télé-commande
- ♦ el control remoto
- ★ пульт

- ► lle tân
- • fireplace
- ▪ la cheminée
- ♦ la chimenea
- ★ камін

- ► silff lyfrau
- • bookshelf
- ▪ l'étagère à livres
- ♦ la estantería para libros
- ★ книжкова полиця

- ► soffa
- • sofa
- ▪ le canapé
- ♦ el sofá
- ★ диван

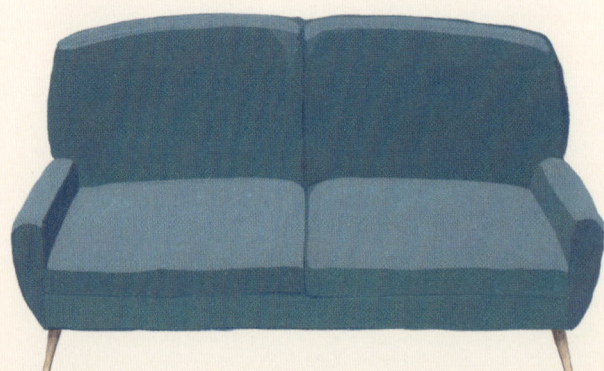

- ► cadair freichiau
- • armchair
- ▪ le fauteuil
- ♦ el sillón
- ★ крісло

- ► bwrdd coffi
- • coffee table
- ▪ la table basse
- ♦ la mesa de centro
- ★ журнальний столик

- ► planhigyn
- • plant
- ▪ la plante
- ♦ la planta
- ★ рослина

Anifeiliaid Anwes • Pets • Les Animaux de Compagnie • Las Mascotas • Домашні тварини

- ci
- dog
- le chien
- el perro
- пес

- pysgodyn aur
- goldfish
- le poisson rouge
- el pez de colores
- золота рибка

- cath
- cat
- le chat
- el gato
- кіт

- basged
- basket
- le panier
- la cesta
- кошик

- mochyn cwta
- guinea pig
- le cochon d'Inde
- el conejillo de indias
- морська свинка

- teganau
- toys
- les jouets
- los juguetes
- іграшки

- llygoden
- mouse
- la souris
- el ratón
- миша

- aderyn
- bird
- l'oiseau
- el pájaro
- пташка

- cwningen
- rabbit
- le lapin
- el conejo
- кролик

- bochdew
- hamster
- le hamster
- el hámster
- хом'як

▸ Y Gegin • The Kitchen ▪ La Cuisine ♦ La Cocina ★ Кухня

▸ cadair
• chair
▪ la chaise
♦ la silla
★ стілець

▸ bwrdd
• table
▪ la table
♦ la mesa
★ стіл

▸ bin
• bin
▪ la poubelle
♦ el cubo de basura
★ сміттєвий бак

▸ menig rwber
• rubber gloves
▪ les gants en caoutchouc
♦ los guantes de goma
★ гумові рукавички

▸ hylif golchi llestri
• washing-up liquid
▪ le liquide vaisselle
♦ el líquido lavavajillas
★ рідина для миття посуду

▸ tap
• tap
▪ le robinet
♦ el grifo
★ кран

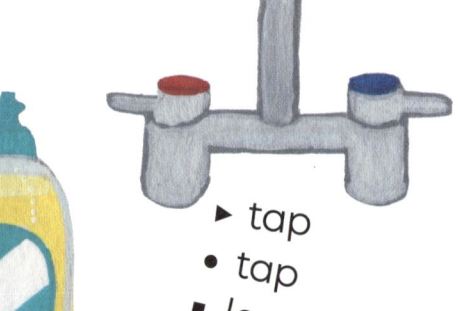

▸ lliain sychu llestri
• tea towel
▪ le torchon
♦ el paño de cocina
★ кухонний рушник

▸ peiriant golchi llestri
• dishwasher
▪ le lave-vaisselle
♦ la lavavajilla
★ посудомийна машина

▸ brwsh llawr
• sweeping brush
▪ le balai
♦ la escoba
★ щітка для підмітання

▸ peiriant golchi
• washing machine
▪ le lave-linge
♦ la lavadora
★ пральна машина

▶ bwrdd torri
• chopping board
■ la planche à découper
♦ la tabla de cortar
★ обробна дошка

▶ tegell
• kettle
■ la bouilloire
♦ el hervidor
★ чайник

pot coffi ▶
coffee pot •
la cafetière ■
la cafetera ♦
кавник ★

powlen ffrwythau ▶
fruit bowl •
le bol de fruits ■
el frutero ♦
ваза для фруктів ★

offer coginio ▶
utensils •
les ustensiles ■
los utensilios ♦
кухонне приладдя ★

▶ dysgl
• dish
■ le plat
♦ la cazuela
★ блюдо

▶ microdon
• microwave
■ le four à micro-ondes
♦ el microondas
★ мікрохвильова піч

▶ oergell
• fridge
■ le frigo
♦ el frigorífico
★ холодильник

sosban ▶
saucepan •
la casserole ■
la cacerola ♦
каструля ★

▶ clorian
• weighing scales
■ la balance
♦ la balanza
★ вага

popty ▶
cooker •
la cuisinière ■
el horno ♦
плита ★

19

▶ Ar y Bwrdd • On the Table ▪ Sur la Table ◆ Sobre la Mesa ★ На Столі

- ▶ te
- • tea
- ▪ le thé
- ◆ el té
- ★ чай

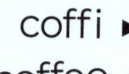

- coffi ▶
- coffee •
- le café ▪
- el café ◆
- кава ★

- tebot ▶
- teapot •
- la théière ▪
- la tetera ◆
- чайник ★

- ▶ siocled poeth
- • hot chocolate
- ▪ le chocolat chaud
- ◆ el chocolate caliente
- ★ гарячий шоколад

- ▶ lemonêd
- • lemonade
- ▪ la limonade
- ◆ la limonada
- ★ лимонад

- sudd ▶
- juice •
- le jus ▪
- el jugo ◆
- сік ★

- dŵr ▶
- water •
- l'eau ▪
- el agua ◆
- вода ★

- gwydryn ▶
- glass •
- le verre ▪
- el vaso ◆
- склянка ★

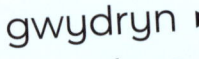

- llaeth ▶
- milk •
- le lait ▪
- la leche ◆
- молоко ★

- ▶ siwgr
- • sugar
- ▪ le sucre
- ◆ el azúcar / la azúcar
- ★ цукор

▶ llwy
• spoon
▪ la cuillère
♦ la cuchara
★ ложка

fforc ▶
fork •
la fourchette ▪
el tenedor ♦
виделка ★

▶ cyllell
• knife
▪ le couteau
♦ el cuchillo
★ ніж

▶ plât
• plate
▪ l'assiette
♦ el plato
★ тарілка

▶ llwy de
• teaspoon
▪ la cuillère a café
♦ la cucharilla
★ чайна ложка

▶ cwpan
• cup
▪ la tasse
♦ la taza
★ чашка

powlen ▶
bowl •
le bol ▪
el bol ♦
миска ★

▶ cwpan wy
• cup
▪ le coquetier
♦ la huevera
★ підставка для яйця

jwg ▶
jug •
le pichet ▪
la jarra ♦
глечик ★

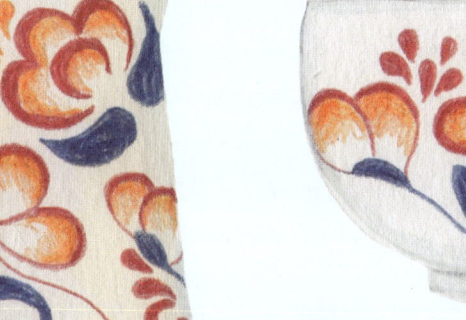

▶ pupur
• pepper
▪ le poivre
♦ la pimienta
★ перець

▶ halen
• salt
▪ le sel
♦ la sal
★ сіль

sbeisys ▶
spices •
les épices ▪
las especias ♦
спеції ★

sos coch ▶
ketchup •
le ketchup ▪
el kétchup ♦
кетчуп ★

▶ saws soi
• soy sauce
▪ la sauce soja
♦ la salsa de soja
★ соєвий соус

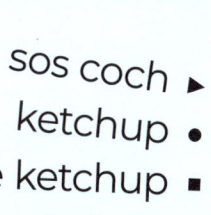

► Ffrwythau a Llysiau • Fruits and Vegetables
▪ Les Fruits et Légumes ♦ Las Frutas y Verduras ★ Фрукти та Овочі

► moronen
• carrot
▪ la carotte
♦ la zanahoria
★ морква

► taten
• potato
▪ la pomme de terre
♦ la patata
★ картопля

► pys
• peas
▪ les petits pois
♦ los guisantes
★ горох

► cenhinen
• leek
▪ le poireau
♦ el puerro
★ цибуля порей

► brocoli
• broccoli
▪ le brocoli
♦ el brócoli
★ броколі

► letysen
• lettuce
▪ la laitue
♦ la lechuga
★ салат-латук

► nionyn / winwnsyn
• onion
▪ l'oignon
♦ la cebolla
★ цибуля

► tomato
• tomato
▪ la tomate
♦ el tomate
★ помідор

► ceirios
• cherries
▪ les cerises
♦ las cerezas
★ вишні

► afal
• apple
▪ la pomme
♦ la manzana
★ яблуко

► banana
• banana
▪ la banane
♦ el plátano
★ банан

- mwyar duon
- blackberries
- les mûres
- las moras
- ожини

- llus
- blueberries
- les myrtilles
- los arándanos
- чорниці

- mefus
- strawberries
- les fraises
- las fresas
- полуниці

- mafon
- raspberry
- les framboises
- las frambuesas
- малини

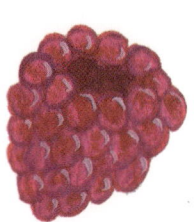 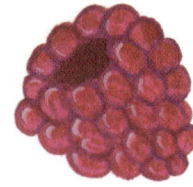

- pîn-afal
- pineapple
- l'ananas
- la piña
- ананас

- pomgranad
- pomegranate
- la grenade
- la granada
- гранат

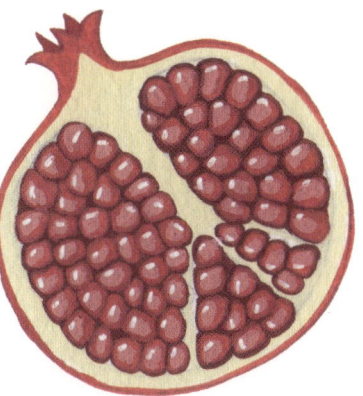

- bricyllen
- apricot
- l'abricot
- el albaricoque
- абрикос

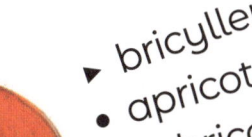

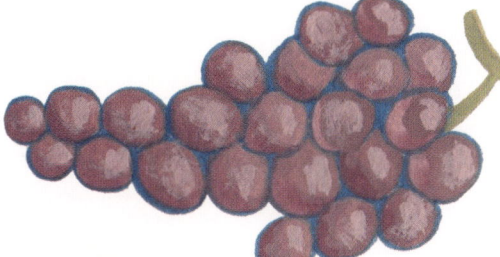

- grawnwin
- grapes
- le raisin
- las uvas
- виноград

- oren
- orange
- l'orange
- la naranja
- помаранча

- lemwn
- lemon
- le citron
- el limón
- лимон

- mandarin
- mandarin
- la mandarine
- la mandarina
- мандарин

Bwyd • Food • La Nourriture • La Comida • Їжа

salad ▸
salad •
la salade ▪
la ensalada ◆
салат ★

▸ pizza
• pizza
▪ la pizza
◆ la pizza
★ піца

mêl ▸
honey •
le miel ▪
la miel ◆
мед ★

▸ jam
• jam
▪ la confiture
◆ la mermelada
★ варення

siocled ▸
chocolate •
le chocolat ▪
el chocolate ◆
шоколад ★

▸ sglodion
• chips
▪ les frites
◆ las patatas fritas
★ картопля фрі

▸ cacen
• cake
▪ le gâteau
◆ el pastel
★ торт

cawl ▸
soup •
la soupe ▪
la sopa ◆
суп ★

▸ bwyd môr
• seafood
▪ les fruits de mer
◆ los mariscos
★ морепродукти

brechdan ▸
sandwich •
le sandwich ▪
el bocadillo ◆
сандвіч ★

pysgodyn ▸
fish •
le poisson ▪
el pescado ◆
риба ★

cig ▸
meat •
la viande ▪
la carne ◆
м'ясо ★

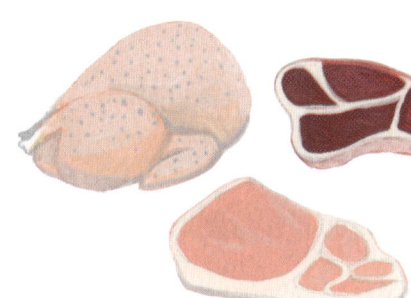

25

Y Gweithdy • The Workshop • L'Atelier • El Taller • Майстерня

- llif
- saw
- la scie
- el serrucho
- пилка

- blwch offer
- toolbox
- la boîte à outils
- la caja de herramientas
- ящик для інструментів

- sgriw
- screw
- la vis
- el tornillo
- гвинт

- nyten
- nut
- l'écrou
- la tuerca
- гайка

- morthwyl
- hammer
- le marteau
- el martillo
- молоток

- hoelen
- nail
- le clou
- el clavo
- цвях

- brwsh paent
- paintbrush
- le pinceau
- la brocha
- пензлик

- pot paent
- paint pot
- le pot de peinture
- el bote de pintura
- банка фарби

- mainc waith
- work bench
- l'établi
- el banco de trabajo
- робочий стіл

- can olew
- oilcan
- la burette de graissage
- la aceitera
- мастильниця

Yr Ardd • The Garden • Le Jardin • El jardín • Сад

- rhedyn
- fern
- la fougère
- el helecho
- папороть

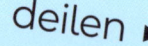

deilen
leaf
la feuille
la hoja
листок

- tŷ gwydr
- greenhouse
- la serre
- el invernadero
- теплиця

- mainc
- bench
- le banc
- el banco
- лавка

- mochyn coed
- pine cone
- la pomme de pin
- el cono de pino
- соснова шишка

can dyfrio
watering can
l'arrosoir
la regadera
лійка

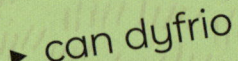

hadau
seeds
les graines
las semillas
насіння

- gwe pryf cop
- cobweb
- la toile d'araignée
- la telaraña
- павутина

- tŷ adar
- birdhouse
- le nichoir
- la pajarera
- шпаківня

- nyth
- nest
- le nid
- el nido
- гніздо

gwely blodau
flower bed
la plate-bande
el parterre
квітник

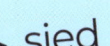
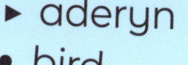

- aderyn
- bird
- l'oiseau
- el pájaro
- пташка

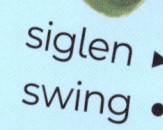

siglen ▶
swing •
la balançoire ■
el columpio ♦
гойдалка ★

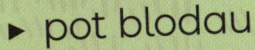

- llithren
- slide
- le toboggan
- el tobogán
- гірка

madarchen ▶
mushroom •
le champignon ■
el champiñón ♦
гриб ★

- pot blodau
- flower pot
- le pot de fleur
- la maceta
- квітковий горщик

- rhaca
- rake
- le râteau
- el rastrillo
- граблі

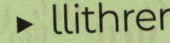
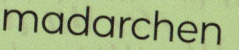

tŷ bach twt ▶
playhouse •
la maisonnette ■
la casa de juguetes ♦
ігровий будинок ★

berfa ▶
wheelbarrow •
la brouette ■
la carretilla ♦
тачка ★

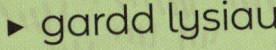

- gardd lysiau
- vegetable garden
- le potager
- el huerto
- город

▶ Y Fferm • The Farm ▪ La Ferme ♦ La granja ★ Ферма

- ▶ beudy
- • cowshed
- ▪ l'etable
- ♦ el establo
- ★ корівник

- ▶ tarw
- • bull
- ▪ le taureau
- ♦ el toro
- ★ бик

- ▶ buwch
- • cow
- ▪ la vache
- ♦ la vaca
- ★ корова

- ▶ llo
- • calf
- ▪ le veau
- ♦ el ternero
- ★ теля

- ▶ twrci
- • turkey
- ▪ le dindon
- ♦ el pavo
- ★ індичка

- ▶ hwyaden
- • duck
- ▪ le canard
- ♦ el pato
- ★ качка

- ▶ cwt ieir
- • chicken coop
- ▪ le poulailler
- ♦ el gallinero
- ★ курник

- ▶ cyw
- • chick
- ▪ le poussin
- ♦ el pollito
- ★ пташеня

- ▶ ceiliog
- • cockerel
- ▪ le coq
- ♦ el gallo
- ★ півень

- ▶ iâr
- • hen
- ▪ la poule
- ♦ la gallina
- ★ курка

ffermdy ▸
farmhouse •
la maison de ferme ▪
la casa de labranza ♦
фермерський ★
будинок

▸ ysgubor
• barn
▪ la grange
♦ el granero
★ хлів

▸ tractor
• tractor
▪ le tracteur
♦ el tractor
★ трактор

▸ oen
• lamb
▪ l'agneau
♦ el cordero
★ ягня

dafad ▸
sheep •
le mouton ▪
la oveja ♦
вівця ★

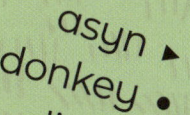

asyn ▸
donkey •
l'âne ▪
el burro ♦
осел ★

gafr ▸
goat •
la chèvre ▪
la cabra ♦
коза ★

▸ ebol
• foal
▪ le poulain
♦ el potro
★ лоша

▸ ceffyl
• horse
▪ le cheval
♦ el caballo
★ кінь

mochyn ▸
pig •
le cochon ▪
el cerdo ♦
свиня ★

bwgan brain ▸
scarecrow •
l'épouvantail ▪
el espantapájaros ♦
опудало ★

- glud
- glue
- la colle
- el pegamento
- клей

- llyfr ysgrifennu
- writing book
- le cahier
- el cuaderno
- зошит

- ysgrifbin
- pen
- le stylo
- el bolígrafo
- перова
- ручка

- cas pensiliau
- pencil case
- la trousse
- el estuche
- пенал

- creon
- crayon
- la craie de cire
- el crayón
- восковий олівець

- llyfr
- book
- le livre
- el libro
- книга

- paent
- paint
- la peinture
- la pintura
- фарба

- brwsh paent
- paint brush
- le pinceau
- el pincel
- пензлик

- pen ffelt
- felt pen
- le feutre
- el rotulador
- фломастер

- sach gefn
- rucksack
- le cartable
- la mochila
- рюкзак

33

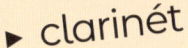
- clarinét
- clarinet
- la clarinette
- el clarinete
- кларнет

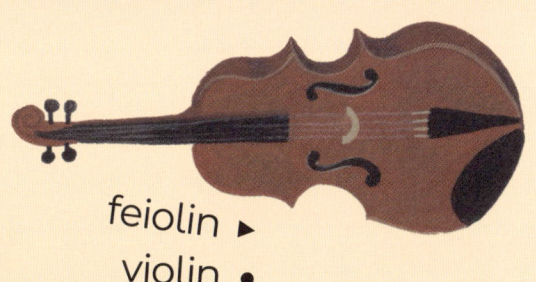
- feiolin
- violin
- le violon
- el violín
- скрипка

- band
- band
- le groupe
- la banda
- гурт

- ffliwt
- flute
- la flûte
- la flauta
- флейта

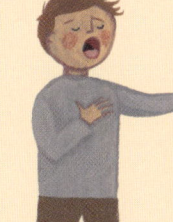
- canu
- singing
- le chant
- el canto
- спів

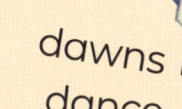
- dawns
- dance
- la danse
- el baile
- танець

- telyn
- harp
- la harpe
- el arpa
- арфа

- arweinydd
- conductor
- le chef d'orchestre
- el director de orquesta
- диригент

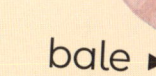
- bale
- ballet
- le ballet
- el ballet
- балет

- côr
- choir
- la chorale
- el coro
- хор

- band pres
- brass band
- la fanfare
- la banda de bronces
- духовий оркестр

▸ Un tro… • Once upon a time… ▪ Il était une fois…
♦ Había una vez… ★ Давним-давно …

▸ dinosor
• dinosaur
▪ le dinosaure
♦ el dinosaurio
★ динозавр

▸ draig
• dragon
▪ le dragon
♦ el dragón
★ дракон

tywysoges ▸
princess •
la princesse ▪
la princesa ♦
принцеса ★

brenin ▸
king •
le roi ▪
el rey ♦
король ★

▸ cleddyf
• sword
▪ l'épée
♦ la espada
★ меч

▸ gwrach
• witch
▪ la sorcière
♦ la bruja
★ відьма

pair ▸
cauldron •
le chaudron ▪
la caldera ♦
казан ★

ysgubell ▸
broom •
le balai ▪
la escoba ♦
мітла ★

cawr ▸
giant •
le géant ▪
el gigante ♦
велетень ★

▸ tân
• fire
▪ le feu
♦ el fuego
★ вогонь

Chwaraeon • Sports ▪ Les Sports ♦ Los Deportes ★ Спорт

gymnasteg ▸
gymnastics •
la gymnastique ▪
la gimnasia ♦
гімнастика ★

syrffio ▸
surfing •
le surf ▪
el surf ♦
серфінг ★

beicio ▸
cycling •
le cyclisme ▪
el ciclismo ♦
велоспорт ★

nofio ▸
swimming •
la natation ▪
la natación ♦
плавання ★

pêl-droed ▸
football •
le football ▪
el fútbol ♦
футбол ★

karate ▸
karate •
le karaté ▪
el karate ♦
карате ★

pêl-fasged ▸
basketball •
le basket-ball ▪
el baloncesto ♦
баскетбол ★

rygbi ▸
rugby •
le rugby ▪
el rugby ♦
регбі ★

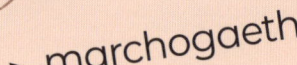

marchogaeth ▸
horse riding •
l'équitation ▪
la equitación ♦
верхова їзда ★

tîm ▸
team •
l'équipe ▪
el equipo ♦
команда ★

▸ Swyddi • Jobs ▪ Les Métiers ♦ Los Empleos ★ Профеciï

- ▸ deintydd
- • dentist
- ▪ le dentiste
- ♦ el dentista
- ★ стоматолог

- postmon ▸
- postman •
- le facteur ▪
- el cartero ♦
- поштар ★

- ffotograffydd ▸
- photographer •
- la photographe ▪
- la fotógrafa ♦
- фотографка ★

- llyfrgellydd ▸
- librarian •
- le bibliothécaire ▪
- el bibliotecario ♦
- бібліотекар ★

- pensaer ▸
- architect •
- l'architecte ▪
- la arquitecta ♦
- архітекторка ★

- peilot ▸
- pilot •
- le pilote ▪
- la piloto ♦
- пілотеса ★

- ▸ milfeddyg
- • vet
- ▪ la vétérinaire
- ♦ la veterinaria
- ★ ветеринарка

- ▸ meddyg
- • doctor
- ▪ le médecin
- ♦ el médico
- ★ лікар

- adeiladydd ▸
- builder •
- l'ouvrière du bâtiment ▪
- la albañil ♦
- будівельниця ★

- ▸ athrawes
- • teacher
- ▪ la professeur
- ♦ la maestra
- ★ вчителька

- ▸ actor
- • actor
- ▪ l'acteur
- ♦ el actor
- ★ актор

- diffoddwr tân
- firefighter
- le sapeur-pompier
- la bombera
- пожежниця

- garddwr
- gardener
- le jardinier
- el jardinero
- садівник

- gwyddonydd
- scientist
- la scientifique
- la científica
- науковиця

- saer
- carpenter
- la menuisière
- la carpintera
- столярка

- mecanydd
- mechanic
- le mécanicien
- el mecánico
- механік

- peiriannydd
- engineer
- l'ingénieur
- el ingeniero
- інженер

- llawfeddyg
- surgeon
- le chirurgien
- el cirujano
- хірург

- rhaglennydd
- computer programmer
- l'informaticienne
- la programadora
- програмістка

- gweinydd
- waiter
- le serveur
- el camarero
- офіціант

- nyrs
- nurse
- l'infirmière
- la enfermera
- медсестра

▸ Cerbydau • Vehicles ▪ Les Véhicules
♦ Los Vehículos ★ Транспортні засоби

▸ balŵn aer poeth
• hot air balloon
▪ la montgolfière
♦ el globo aerostático
★ повітряна куля

▸ awyren
• airplane
▪ l'avion
♦ el avión
★ літак

▸ beic
• bicycle
▪ le vélo
♦ la bicicleta
★ велосипед

hofrenydd ▸
helicopter •
l'hélicoptère ▪
el helicóptero ♦
вертоліт ★

▸ car
• car
▪ la voiture
♦ el coche
★ автомобіль

beic modur ▸
motorbike •
la moto ▪
el moto ♦
мотоцикл ★

carafán ▸
caravan •
la caravane ▪
la caravana ♦
будинок на колесах ★

fan ▸
van •
la camionnette ▪
la camioneta ♦
фургон ★

▸ jac codi baw
• digger
▪ la pelleteuse
♦ la excavadora
★ екскаватор

▸ bws
• bus
▪ le bus
♦ el autobús
★ автобус

canŵ
canoe
le canoë
la canoa
каное

fferi
ferry
le ferry
el ferry
пором

ambiwlans
ambulance
l'ambulance
la ambulancia
швидка допомога

cwch hwylio
sailing boat
le voilier
el barco de vela
вітрильник

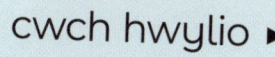

car heddlu
police car
la voiture de police
el coche de policía
поліцейська машина

injan dân
fire engine
le camion de pompiers
el coche de bomberos
пожежна машина

fan hufen iâ
ice cream van
le fourgon à glace
la furgoneta de helados
фургон з морозивом

lorri
lorry
le camion
el camión
вантажівка

tryc agored
pick-up truck
le pick-up
la camioneta
пікап

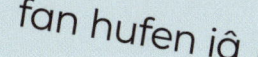

trên
train
le train
el tren
поїзд

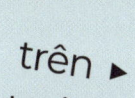

Adeiladau • Buildings • Les Bâtiments • Los Edificios • Будівлі

- caffi
- café
- le café
- el café
- кафе

- becws
- bakery
- la boulangerie
- la panadería
- пекарня

- siop flodau
- florist
- le fleuriste
- la florista
- квітковий магазин

- maes awyr
- airport
- l'aéroport
- el aeropuerto
- аеропорт

- archfarchnad
- supermarket
- le supermarché
- el supermercado
- супермаркет

- gorsaf drenau
- train station
- la gare
- la estación de trenes
- вокзал

- gorsaf dân
- fire station
- la caserne de pompiers
- el parque de bomberos
- пожежна станція

- fflatiau
- flats
- l'immeuble
- el bloque de pisos
- багатоквартирний будинок

- pwll nofio
- swimming pool
- la piscine
- la piscina
- басейн

- tŷ
- house
- la maison
- la casa
- будинок

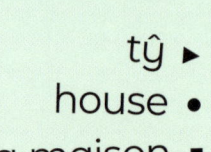

- llyfrgell ▶
- library •
- la bibliothèque ■
- la biblioteca ◆
- бібліотека ★

- ▶ sinema
- • cinema
- ■ le cinéma
- ◆ el cine
- ★ кінотеатр

- ▶ amgueddfa
- • museum
- ■ le musée
- ◆ el museo
- ★ музей

- ▶ ysgol
- • school
- ■ l'école
- ◆ la escuela
- ★ школа

- garej ▶
- garage •
- le garage ■
- el taller ◆
- гараж ★

- ysbyty ▶
- hospital •
- l'hôpital ■
- el hospital ◆
- лікарня ★

- ▶ ffatri
- • factory
- ■ l'usine
- ◆ la fábrica
- ★ фабрика

- ▶ eglwys
- • church
- ■ l'église
- ◆ la iglesia
- ★ церква

- fferyllfa ▶
- pharmacy •
- la pharmacie ■
- la farmacia ◆
- аптека ★

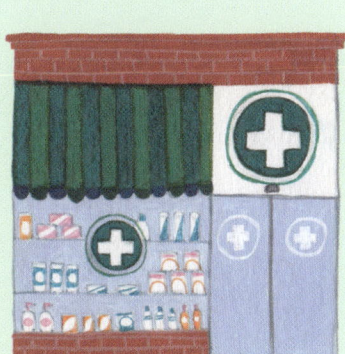

- ▶ synagog
- • synagogue
- ■ la synagogue
- ◆ la sinagoga
- ★ синагога

- ▶ mosg
- • mosque
- ■ la mosquée
- ◆ la mezquita
- ★ мечеть

Blodau • Flowers • Les Fleurs • Las Flores ★ Квіти

- briallen
- primrose
- la primevère
- la prímula
- первоцвіт

- glas yr ŷd
- cornflower
- le bleuet
- el aciano
- волошка

- lili wen fach
- snowdrop
- le perce-neige
- la campanilla de invierno
- підсніжник

- tiwlip
- tulip
- la tulipe
- el tulipán
- тюльпан

- bysedd y cŵn
- foxglove
- la digitale
- la dedalera
- наперстянка

- pabi
- poppy
- le coquelicot
- la amapola
- мак

- llygad y dydd
- daisy
- la marguerite
- la margarita
- ромашка

- blodyn haul
- sunflower
- le tournesol
- el girasol
- соняшник

- rhosyn
- rose
- la rose
- la rosa
- троянда

- dant y llew
- dandelion
- le pissenlit
- el diente de león
- кульбаба

- cenhinen Bedr
- daffodil
- la jonquille
- el narciso
- нарцис

Creaduriaid Bychain • Small Creatures • Les Petites Créatures • Las Pequeñas Criaturas • Маленькі Істоти

- gwenynen
- bee
- l'abeille
- la abeja
- бджола

- ceiliog rhedyn
- grasshopper
- la sauterelle
- el saltamontes
- коник

- gwenynen feirch
- wasp
- la guêpe
- la avispa
- oca

- cacynen
- bumble bee
- le bourdon
- el abejorro
- джміль

- gwyfyn
- moth
- le papillon de nuit
- la polilla
- міль

- buwch goch gota
- ladybird
- la coccinelle
- la mariquita
- сонечко

- gwrach y lludw
- woodlouse
- le cloporte
- la cochinilla
- мокриця

- pilipala
- butterfly
- le papillon
- la mariposa
- метелик

- gwas y neidr
- dragonfly
- la libellule
- la libélula
- бабка

- lindysyn
- caterpillar
- la chenille
- la oruga
- гусениця

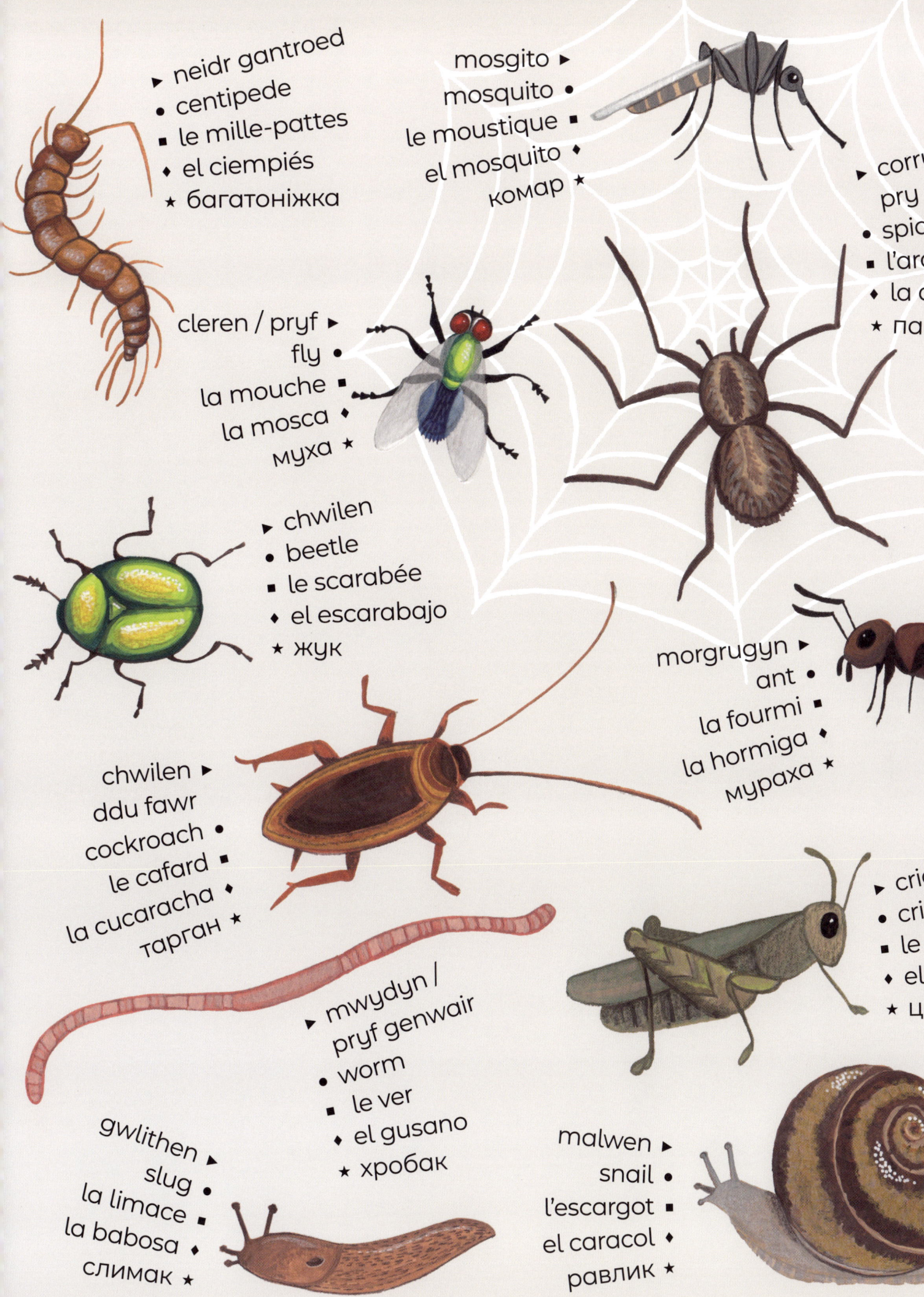

Glan y Môr • Seaside ▪ Le Bord de Mer ♦ La Playa ★ Узбережжя

Anifeiliaid • Animals • Les Animaux • Los Animales ★ Тварини

- ystlum
- bat
- la chauve-souris
- el murciélago
- кажан

- baedd gwyllt
- wild boar
- le sanglier
- el jabalí
- кабан

- draenog
- hedgehog
- le hérisson
- el erizo
- їжак

- gwiwer
- squirrel
- l'écureuil
- la ardilla
- білка

- llwynog / cadno
- fox
- le renard
- el zorro
- лисиця

- elc
- elk
- l'élan
- el alce
- лось

- panda
- panda
- le panda
- el oso panda
- панда

- mwnci
- monkey
- le singe
- el mono
- мавпа

- carw
- deer
- le cerf
- el ciervo
- олень

- tsimpansî
- chimpanzee
- le chimpanzé
- el chimpancé
- шимпанзе

- arth wen
- polar bear
- l'ours polaire
- el oso polar
- полярний ведмідь

Tirwedd • Landscape • Le Paysage • El Paisaje • Пейзаж

Y Tymhorau a'r Tywydd • Seasons and Weather • Les Saisons et la Météo • Las Estaciones y la Clima • Пори року та погода

▶ **Siapiau** • **Shapes** ▪ **Les Formes** ♦ **Las Formas** ★ **Форми**

- ▶ cylch
- • circle
- ▪ le cercle
- ♦ el círculo
- ★ коло

- ▶ hirgrwn
- • oval
- ▪ l'ovale
- ♦ el óvalo
- ★ овал

- triongl ▶
- triangle •
- le triangle ▪
- el triángulo ♦
- трикутник ★

- sgwâr ▶
- square •
- le carré ▪
- el cuadrado ♦
- квадрат ★

- ▶ petryal
- • rectangle
- ▪ le rectangle
- ♦ el rectángulo
- ★ прямокутник

- ▶ diemwnt
- • diamond
- ▪ le losange
- ♦ el rombo
- ★ ромб

- ▶ pentagon
- • pentagon
- ▪ le pentagone
- ♦ el pentágono
- ★ п'ятикутник

- ▶ hecsagon
- • hexagon
- ▪ l'hexagone
- ♦ el hexágono
- ★ шестикутник

- octagon ▶
- octagon •
- l'octogone ▪
- el octágono ♦
- восьмикутник ★

- heptagon ▶
- heptagon •
- l'heptagone ▪
- el heptágono ♦
- семикутник ★

▸ Rhestri geiriau • Word Lists ▪ Les listes de mots
♦ Listas de palabras ★ Списки слів

▸ **Cymraeg** >
Saesneg, Ffrangeg,
Sbaeneg, Wcreineg

• **English** >
French, Spanish,
Ukrainian, Welsh

▪ **le français** >
l'espagnol, l'ukrainien,
le gallois, l'anglais,

♦ **español** >
ukraniano, galés,
inglés, francés

★ **Українська** >
Валлійська, Англійська,
Французька, Іспанська

▶ Hefyd ar gael
• Also available
▪ Aussi disponible
♦ También disponible
★ Також в наявності

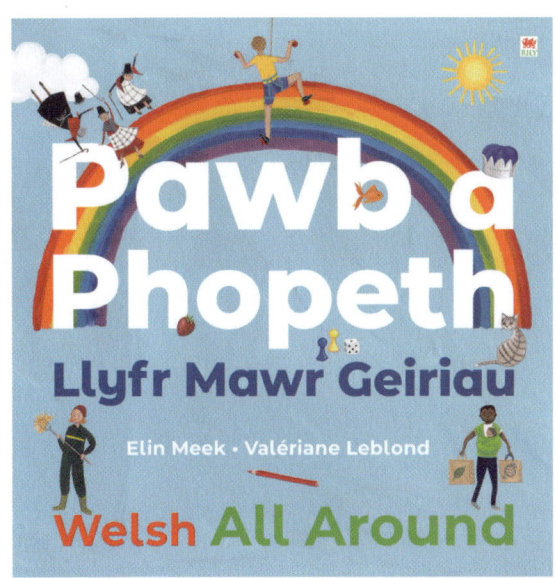
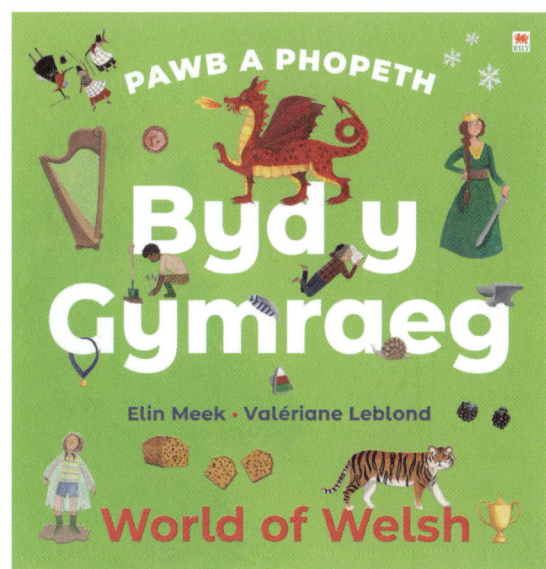
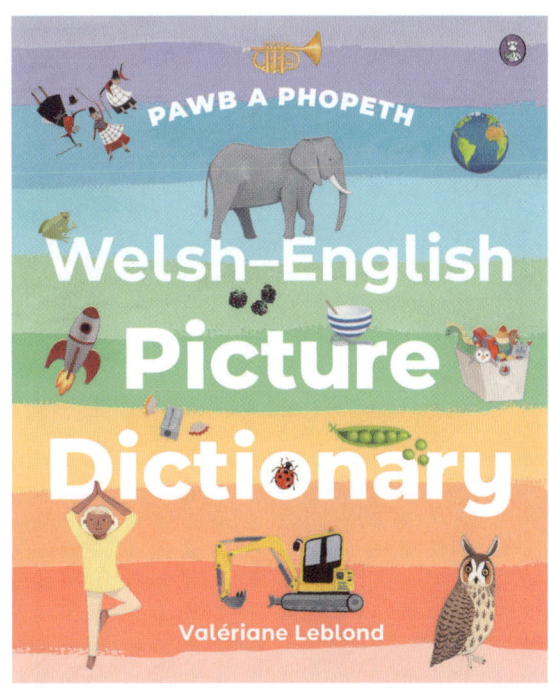